© 2002 Éditions MILAN pour la première édition
© 2006 Éditions MILAN pour la présente édition
300, rue Léon-Joulin, 31101 Toulouse Cedex 9 France
Droits de traduction et de reproduction réservés pour tous les pays. Toute reproduction, même partielle, de cet ouvrage est interdite. Une copie ou reproduction par quelque procédé que ce soit, photographie, microfilm, bande magnétique, disque ou autre, constitue une contrefaçon passible des peines prévues par la loi du 11 mars 1957 sur la protection des droits d'auteur.
Loi 49.956 du 16.07.1949
Dépôt légal : octobre 2006
ISBN (10) : 2-7459-2337-4
ISBN (13) : 978-2-7459-2337-0
Imprimé en France par Pollina, 85400 Luçon - n° L40778-E

LES GOÛTERS PHILO

BRIGITTE LABBÉ • MICHEL PUECH

LE RIRE ET LES LARMES

ILLUSTRATIONS DE JACQUES AZAM

Au menu de ton Goûter Philo

Zoé ne le sent pas	7
Impossible de se retenir !	10
C'est le corps qui décide	12
Sans savoir pourquoi	14
Privé de boum ?	16
Valentine ne capte pas	18
Fou rire	19
Sage rire	22
Drôles de mariés	24
Allez tous roter !	26
Miss Bobo, Miss Cata…	28
Faire baisser la température !	30
Peut-on rire de tout ?	33
Rire peut détruire	34
Pleurer de joie, rire de bonheur	35
Vivre sans Ploum	37
Le courage de pleurer	39
Heureusement	42
Et pour finir (Mon cahier Goûter Philo)	45

Zoé ne le sent pas

Notre corps est sensible au froid, au chaud, au sec, au mouillé, au dur, au mou, au sucré, au salé, à l'amer, au piquant, au doux… mais pas seulement à cela.

La classe de Zoé fait une sortie
cet après-midi au Jardin botanique.
Au Jardin, la classe est accueillie
par 2 guides.
« Il faut vous diviser
en 2 groupes,
dit l'un des guides, la moitié
avec moi, l'autre moitié
avec mon collègue. »
Zoé tire Jessica
par la manche et lui chuchote
dans l'oreille :

« Viens, on va dans le groupe de celui-là.
— Pourquoi ? demande Jessica.
— L'autre, je ne le sens pas, mais alors vraiment pas, viens, dépêche-toi ! » répond Zoé.

Zoé voit les 2 guides pour la première fois, elle n'a aucune raison d'en préférer un, et elle aurait du mal à expliquer pourquoi elle a choisi celui-là plutôt que l'autre. Mais elle a senti quelque chose, peut-être qu'elle se trompe, mais elle ne peut pas s'empêcher de sentir, c'est physique.

Notre corps est sensible, aux gens, aux ambiances et même aux idées. Quand nous disons : « *Je ne sens pas cette idée* », nous voulons dire que nous ressentons physiquement que cette idée n'est pas bonne, et nous n'avons pas de mots pour l'expliquer. Nous le sentons dans notre corps, sans savoir pourquoi. Le corps comprend, participe, écoute et il parle avec des frissons, de la chair de poule, des crampes d'estomac, des maux de tête, des plaques rouges sur la peau, du mal au ventre, des palpitations du cœur, des tremblements, des difficultés à avaler, à respirer… Ces messages du corps, on ne les entend pas toujours, on peut passer à côté, les ignorer. Mais parfois, le corps utilise un langage impossible à ne pas entendre, impossible à ignorer : celui du rire, celui des larmes.

Impossible de se retenir !

Dans la salle de classe, le silence est total. Ce professeur est très sévère et n'accepte pas le moindre bruit pendant ses cours. En plus, c'est le jour des contrôles, tout le monde est stressé. Le professeur se retourne pour écrire l'exercice au tableau, et là, tout d'un coup, tous les élèves plaquent leurs mains sur leur bouche et se tordent sur leur table sans oser se regarder : le pantalon du professeur est déchiré, sa fesse gauche est complètement à l'air, on peut même voir qu'il a un caleçon vert avec des petits nounours jaunes et des cœurs roses. En 3 secondes, c'est l'explosion de rire dans la classe.

Personne ne voulait rire. Les élèves connaissent bien ce professeur : avec lui, pas question de parler sans en avoir l'autorisation, alors, faire l'andouille pendant la classe, c'est impensable. Même Hector et Julie, les plus dissipés de toute l'école, se tiennent à carreau avec lui.
Pourtant, personne n'a pu se retenir de rire. C'était impossible.

Grégoire et Simon discutent dans la cour.
« J'ai vu la mère de Noémie ce matin devant l'école, j'ai failli m'évanouir ! raconte Grégoire.
— Moi aussi je l'ai vue, c'est dingue, elle doit peser 100 kilos, je comprends pourquoi Noémie ne nous invite jamais chez elle, la pauvre, elle doit avoir la honte. »
Grégoire et Simon n'ont pas vu que Noémie était tout près d'eux, en train de lire. Elle a tout entendu, elle sent des larmes monter, se cache derrière son livre, elle voudrait se retenir de pleurer mais elle n'y arrive pas. Elle part aux toilettes et s'écroule en larmes.

Noémie ne voulait pas pleurer. Elle sait que Grégoire et Simon n'ont pas dit cela pour la blesser, d'ailleurs, ce sont de bons copains, elle sait qu'ils ne voulaient pas être méchants avec elle. Pourtant, elle n'a pas pu se retenir de pleurer. C'était impossible.

C'est le corps qui décide

On se dit : « *Je ne veux pas rire, je ne dois pas rire, ce n'est vraiment pas le moment* », ou : « *Je ne pleurerai pas, je ne veux pas pleurer, il faut que je me retienne* »… Mais parfois, rien à faire : même si on a décidé très fort de se retenir, on éclate quand même de rire, ou on s'effondre quand même en larmes. Nos jambes ne peuvent pas décider toutes seules de se lever, de marcher et de nous emmener à un endroit où nous n'avons pas décidé d'aller. Personne n'a jamais sonné chez un voisin en disant : « *Désolé de vous déranger, je ne voulais pas venir, mais mon corps a décidé de m'emmener chez vous !* » Nos jambes bougent, nos bras se lèvent, nos mains remuent parce que notre cerveau envoie des ordres qui font bouger des muscles, des ordres que nous avons décidé d'envoyer. Pour le rire ou les larmes, c'est différent : c'est le corps qui décide.

L'être humain n'est pas seulement un esprit, il n'y a pas que l'esprit qui décide, qui veut. Nous sommes aussi un corps qui, lui aussi, décide et veut. Même si on a toutes les raisons du monde de ne pas rire ou de ne pas pleurer, il arrive que ces raisons ne résistent pas aux décisions du corps.

Sans savoir pourquoi

Les larmes, ce sont des mots que l'on ne peut pas dire, des mots sans lettres, des mots qui ne se prononcent pas avec la bouche. Des mots transparents, liquides, salés, qui débordent des yeux et s'échappent du corps.

> Myriam a terminé son livre et éteint la lumière. Au moment où son père entre dans sa chambre pour lui souhaiter bonne nuit, il s'aperçoit qu'elle pleure, tout doucement. « Mais... tu pleures ? Qu'est-ce qui se passe ? Ton livre est si triste que ça ? — Non, rien à voir avec le livre », répond Myriam, en pleurant de plus en plus.

« Alors qu'est-ce qui t'arrive ?
— Je sais pas.
— Comment, tu ne sais pas ? Mais tu pleures bien pour quelque chose. Tu as des ennuis à l'école ?
— Non.
— Ce sont des choses dont tu ne veux pas me parler ? »
Myriam pleure toujours.
« Mais non, si je le savais, je te le dirais, mais je ne sais pas pourquoi je pleure ! » s'énerve Myriam.

On a tous connu cela, ces moments où l'on pleure, sans savoir pourquoi. Souvent, ce sont aussi des moments difficiles pour les autres, ils ne savent pas quoi faire, ils ne comprennent pas. Nous aussi, parfois, nous ne comprenons pas nos larmes, nous ne savons pas ce qu'elles veulent dire, pourquoi elles coulent. Peut-être que nous le comprendrons plus tard.

Privé de boum ?

> Luc a 5 ans, il vient d'apprendre
> sa première histoire drôle de Toto
> et veut la raconter.
> Il commence, mais il a oublié la moitié
> de l'histoire, il se trompe et, finalement,
> rien n'est drôle dans ce qu'il raconte.
> Sa mère sourit et lui dit que ça reviendra.
> « Arrête, j'en peux plus, je me roule
> par terre », dit son grand frère
> en se forçant à rire.

Le faux rire est un moyen très efficace pour se moquer, pour vexer, humilier, rabaisser.

> « J'ai une de ces trouilles de montrer
> mon carnet de notes à mes parents !
> Avec le zéro que j'ai eu en discipline,
> je peux toujours courir pour avoir
> la permission d'aller à la boum
> de Clémence, dit Lucas à Romain.
> — Attends ! J'ai un super-truc
> qui marche presque à tous les coups.

- Au moment où tu sors ton carnet
- pour leur faire signer, tu pleures.
- Essaie ! En général, quand ils te voient
- pleurer, ils craquent », conseille Romain.

Les fausses larmes sont des moyens souvent efficaces pour manipuler les autres, pour obtenir d'eux ce que l'on veut.

Mais quand on arrive à rire ou à pleurer en se forçant, ces rires et ces larmes n'ont rien à voir avec le vrai rire et les vraies larmes. Ce sont de faux rires, de fausses larmes.

Valentine ne capte pas

Fabien, Laetitia, Laura et Valentine
écoutent Léa qui raconte une histoire
drôle. À la fin de l'histoire, tout le monde
éclate de rire. Tout le monde, sauf
Valentine. Elle n'a pas compris la blague,
mais en voyant ses copains rire,
elle décide de rire aussi.
« Je ne vois pas ce qu'il y a de drôle,
mais j'ai l'air débile si je montre
que je n'ai rien capté », pense Valentine.

Pour rire de quelque chose, il faut avoir compris. Si un extraterrestre débarque et voit le directeur de l'école marcher dans les couloirs en pyjama, avec des palmes aux pieds, un masque et un tuba sur la tête, il ne rira pas.

Parce qu'il ne comprendra pas que cet habillement est bizarre et délirant. Nous, nous rirons, parce que nous comprenons le comique de la situation, nous savons qu'un homme ne s'habille pas comme cela, et encore moins un directeur d'école !

Donc le rire peut être pris pour un signe d'intelligence : celui qui rit, c'est celui qui a compris. Et rire ensemble, c'est comprendre ensemble. On fait alors partie du même groupe, le rire unit, rassemble, relie les gens entre eux. Valentine a tout simplement peur de se sentir exclue du groupe si elle ne rit pas avec les autres.

Fou rire

Quand on ne peut plus s'arrêter de rire, on appelle ça un fou rire. Pourquoi « fou » ? Quand on dit de quelqu'un « il est fou », on dit qu'« il a perdu l'esprit », comme si, dès que l'esprit ne contrôle pas tout, on plongeait dans la folie.

Toute la famille est à table pour le déjeuner. Comme tous les dimanches, Tante Marguerite, la tante du papa de Johanne, Nicolas et Charlotte, les a invités. Tante Marguerite est toujours assise à la même place, il y a toujours du gigot et des flageolets, il y a toujours une tarte à la rhubarbe en dessert, sauf en été, c'est toujours une tarte aux framboises. Johanne, Nicolas et Charlotte détestent ces repas qui durent des heures. Leurs parents leur font à chaque fois les mêmes recommandations : ne pas parler trop fort pour ne pas fatiguer Tante Marguerite, bien se tenir sans mettre les coudes sur la table, finir son assiette pour montrer qu'on apprécie ce que Tante Marguerite cuisine et, surtout, ni disputes ni gros mots. Aujourd'hui, le gigot est beaucoup trop cuit, il est dur comme de la semelle, c'est pire qu'à la cantine. Johanne fait un signe à sa mère pour lui dire qu'elle voudrait cracher un morceau qu'elle n'arrive pas à avaler. Sa mère fronce les sourcils, lui fait les gros yeux et se tourne en souriant vers Tante Marguerite pour la féliciter de son repas. En entendant sa mère et en voyant mâcher et remâcher sa sœur comme une vache qui rumine, Nicolas n'en peut plus : il explose de rire. Aussitôt, Johanne éclate en hoquets de rire, et, sans faire exprès, crache son morceau de viande sur la nappe blanche. Charlotte pouffe dans son verre d'eau et s'éclabousse le visage. Leur père leur demande de s'arrêter immédiatement. Les rires s'arrêtent une demi-seconde et recommencent de plus belle. Leur père tape du poing

> sur la table, leur mère exige le silence.
> Ils arrivent à se contenir, mais dès qu'ils
> se regardent, ça recommence. Charlotte
> se cache dans sa serviette, Johanne
> a envie de faire pipi tellement elle rit,
> Nicolas est écarlate à force d'essayer
> de se retenir. Leurs parents leur
> ordonnent de sortir de table
> et d'aller se calmer ; ils se lèvent, pliés
> en deux, sans pouvoir s'arrêter, ils ne
> savent même plus pourquoi ils rient.

Ce fou rire restera dans leurs souvenirs ; on peut parier que, dans 20 ans, quand Johanne, Nicolas et Charlotte se verront, ils riront encore de ce déjeuner ! Quel bonheur, les fous rires, quel plaisir ! Et comme ça fait du bien !

Sage rire

La plupart du temps, on a des fous rires dans des situations qui gênent, étouffent, coincent, donnent une sensation d'emprisonnement, ils surgissent quand il est interdit de se laisser aller. Le corps est discipliné, dressé, il accepte les règles, les interdits, les conventions et puis soudain, il n'en peut plus, il hurle : STOP ! Il explose, il envoie voler tout ce qui pèse sur lui. Le corps déborde en fou rire, parce qu'il n'en peut plus du couvercle qui l'étouffe. Le fou rire n'est pas un moment de folie, c'est un moment d'évasion, d'envol, de liberté. Peut-être même un moment de sagesse. Ce corps si bien dressé, ce corps qui a tellement accepté de se soumettre, finit par se révolter.

Drôles de mariés

La mariée entre dans la mairie, tout le monde la regarde, elle est magnifique ! Elle marche lentement, dans sa longue robe blanche, son chapeau est décoré de fleurs jaunes et orange, elle a devant les yeux un petit voile, et à la main un joli bouquet printanier. Son futur mari, très élégant en costume noir, l'attend en souriant. Le maire leur propose de s'asseoir, le futur mari soulève délicatement la traîne de sa fiancée pour l'aider à s'installer, puis passe derrière elle pour rejoindre son fauteuil. Et là, patatras ! Il se prend les pieds dans la traîne, trébuche, tombe en avant en emportant la traîne, la mariée est tirée en arrière, son fauteuil bascule, elle s'écrase sur son futur mari, son chapeau vole, les fauteuils leur tombent dessus, ils sont tous les 2 étouffés sous la robe, le voile, la traîne ; on ne voit plus qu'une grosse boule noire et blanche recouverte de fleurs.

Explosion de rires dans la salle de la mairie ! Bien sûr, tout le monde s'est précipité pour démêler les mariés, les aider à se relever, à tout remettre en place. Mais le premier réflexe, c'est le rire. Parce que, dans cette cérémonie bien organisée, où tout devait se dérouler parfaitement, où tout était prévu, il s'est glissé un imprévu : le marié s'est pris les pieds dans la traîne de sa fiancée. Et une série d'événements s'est mise en route, comme si, soudainement, une machine folle avait pris les commandes pour tout dérégler. Voilà ce qui nous fait rire : la destruction des plans des humains par une mécanique qui leur échappe. Le premier réflexe, quand on voit quelqu'un trébucher ou tomber dans la rue, c'est de rire. Pas par méchanceté. Simplement parce que c'est très drôle de voir un humain se transformer en pantin mécanique !

Allez tous roter !

Longtemps après, le maire raconte encore ce mariage, et à chaque fois, il ne peut s'empêcher de rire. Pourtant, il connaît tout par cœur ! On peut rire des dizaines de fois aux mêmes gags, on peut voir le même film plusieurs fois, et rire autant la troisième fois que la première. Ce n'est pas la surprise qui déclenche le rire, c'est le plaisir de voir et de revoir, ou d'entendre et de réentendre des déraillements dans la vie humaine, des déraillements qui imposent leur loi.

Demain, ce sont les élections.
« Je vais aller roter, dit Hervé à son fils Julien, euh, voter, pardon. »
Julien éclate de rire, c'est drôle de voir son père se tromper.

> Maintenant, imaginons le président de la République pendant un discours. « Françaises, Français, demain, c'est important, vous devez remplir votre devoir de citoyens, allez tous roter ! »

Hervé nous a déjà fait rire, mais dans la bouche du Président… l'erreur est encore plus drôle ! Il s'est plaqué quelque chose sur la parole d'un homme important, connu, puissant. Un quelque chose que cet homme n'a pas pu contrôler, lui qui contrôle tant de choses, un quelque chose auquel il ne peut rien, lui qui peut tant de choses. Alors, le rire qu'il déclenche en trébuchant sur un mot gomme son pouvoir, efface magiquement sa supériorité sur les autres. Voilà pourquoi cela fait du bien de rire des gens puissants, des forts, des chefs, des directeurs, de tous ceux qui commandent ou de tous ceux qui se sentent supérieurs : rire d'eux les fait redescendre, rire d'eux montre qu'ils peuvent être rois, reines, chefs, patrons, présidents, directeurs… mais qu'ils sont d'abord des êtres humains, comme tous les autres.

Miss Bobo, Miss Cata...

Irène a toujours un bobo quelque part.
Soit à l'œil, soit à l'oreille, soit au genou,
au pied, à la main, au ventre, à la nuque,
au dos... Si par miracle, elle n'a rien,
elle en invente un, et elle adore raconter
à ses copines les histoires qui lui arrivent,
ses chutes, ses petits accidents,
les microbes qu'elle a attrapés,
les maladies qu'on peut avoir,
les catastrophes qui risquent d'arriver...
Ses copines l'adorent et se marrent,
elles la surnomment Miss Bobo
ou Miss Cata, ça dépend des jours.
Ce matin, à la récréation, Irène fait
un discours sur la couche d'ozone.
« Vous savez, on devrait mettre
des lunettes de soleil tout le temps.
Les rayons sont dangereux maintenant
que la couche est trouée, je suis sûre que
j'ai souvent les yeux rouges à cause de ça.
— Et tu sais ce que tu devrais mettre
aussi ? lui dit sérieusement Pierre.

— Non, dit Irène, intéressée.
— Un casque. Un casque intégral. Tu ne devrais jamais sortir dans la rue sans casque.
— Ah ! Pourquoi ? s'inquiète Irène.
— Mais tu ne te rends pas compte ! Tu pourrais prendre un bout de météorite sur la tête, tu sais, ces trucs qui viennent de l'espace et tombent sur la Terre. Ou même un morceau de satellite, ça arrive qu'ils se cassent. »
Fabienne, Théo et Karine éclatent de rire, Pierre n'en peut plus, il adore faire marcher Irène.
Irène met 10 secondes pour s'apercevoir que Pierre la fait marcher et éclate de rire aussi.

Irène aurait pu se fâcher ; après tout, Pierre et les autres se moquent d'elle, ce n'est jamais très agréable. Mais elle rit.

LE RIRE ET LES LARMES

Elle rit de la plaisanterie de Pierre, elle rit d'elle-même, de ses angoisses, de ses peurs, de toutes les histoires abracadabrantes qu'elle invente. Elle rit parce qu'elle se regarde de l'extérieur, et elle voit bien qu'une partie de ce qu'elle raconte est inventé, exagéré, bizarre, tordu. Elle est capable de se moquer d'elle-même parce qu'elle n'a pas le nez collé sur elle-même : elle réussit à prendre du recul et à voir ses exagérations, ses défauts, son caractère parfois spécial. Rire de soi, cela montre qu'on ne se prend pas pour quelqu'un de parfait, pour un dieu, perché très haut, au-dessus de tout le monde. Finalement, rire de soi, avoir le sens de l'humour, c'est un signe de très bonne santé. Le signe que l'on ne se prend pas au sérieux, que l'on est à l'aise avec soi-même, qu'on se sent bien.

Faire baisser la température !

François est désespéré : il n'a pas vu le temps passer, il a 1 heure de retard à son rendez-vous avec Claire. Elle va

être furieuse ! Et encore, pas sûr qu'elle l'ait attendu. Il court comme un fou et, de loin, voit Claire faire les cent pas dans la galerie marchande du centre commercial où ils avaient décidé de se retrouver. François s'arrête et réfléchit.
Il fonce vers le bureau d'accueil du centre commercial.
« Bonjour madame, puis-je faire une annonce au micro ? J'ai perdu mon neveu, il a 5 ans, je suis très inquiet. »
François a une tête tellement désespérée que la dame lui passe immédiatement le micro. Il fait son annonce : « S'il y a dans la galerie une femme suffisamment géniale pour avoir attendu pendant 1 heure un homme inexcusable, je voudrais lui dire que je l'aime. »

> De loin, François voit Claire se retourner avec un air surpris, le chercher partout du regard et éclater de rire.

François a évité une grosse dispute ! Au lieu d'exploser de colère, Claire explose de rire ! L'humour n'efface pas les problèmes, mais le rire qu'il provoque éloigne un instant du problème, il permet de reprendre sa respiration, de se calmer. Évidemment, ça ne suffit pas toujours, et ce n'est pas facile de trouver le bon humour, celui qui fera rire. Mais quand on le trouve, c'est comme si on envoyait une grande bouffée d'air qui rafraîchit l'atmosphère, fait baisser la température, calme les esprits.

Même sur des événements dramatiques, des blagues finissent toujours par circuler, alors que rien n'est drôle, alors que des gens souffrent. On a besoin de cet humour, il éloigne l'événement, met de l'espace entre soi et ce qui se passe, pour que l'émotion soit moins forte.

Peut-on rire de tout ?

On connaît tous des blagues qui se moquent de ceux qui n'ont pas la même couleur de peau, des blagues qui ridiculisent les femmes, qui caricaturent des croyances religieuses, qui rabaissent certaines nationalités, qui tournent en dérision des handicaps physiques ou mentaux… On a tous, un jour, ri de ces blagues, sans pourtant être ni raciste ni sexiste, ni intolérant ni méprisant. Mais que se passe-t-il si c'est quelqu'un de raciste, de sexiste, d'intolérant, de méprisant, qui raconte ces blagues ? On ne rira pas. Parce que ce rire serait un rire complice, ce rire exprimerait du racisme, du sexisme, de la violence, de l'intolérance, il exprimerait du mépris et du rejet des autres. Il y a des gens avec qui rire, c'est rire de manière haineuse. Avec ces gens-là, non, on ne peut pas rire de tout.

Rire peut détruire

C'est au tour de Benjamin de faire
son enchaînement de gymnastique au sol.
Il l'a répété pendant des heures,
mais il n'y arrive pas, il n'est pas doué.
Il doit enchaîner un équilibre
sur les mains, une roulade avant,
puis une arrière, une rondade,
un demi-tour et terminer par une roue.
Benjamin démarre : il tombe sur la tête
dès l'équilibre, il part en diagonale
pendant sa roulade avant et cogne
le mur, il reste coincé les fesses
en l'air avec la tête entre les jambes
au moment de sa roulade arrière,
et quand il réussit enfin à se décoincer,
il s'aplatit comme une crêpe en faisant
sa rondade. La roue… il n'essaie
même pas. Toute la classe est pliée
de rire, même le professeur a du mal
à se retenir. Benjamin fond en larmes
et court vers les vestiaires pour fuir
les rires.

Bien sûr, c'était presque impossible de ne pas rire en voyant Benjamin. Mais évidemment, ces rires étaient très blessants pour lui.

Le rire peut faire plus mal qu'un coup de poing ou qu'une insulte. Certains rires blessent, certains rires claquent comme des gifles, font monter les larmes aux yeux et éclater en sanglots. Parfois, on se sert du rire pour faire mal, exprès ; on peut démolir quelqu'un avec le rire.

Pleurer de joie, rire de bonheur

Aurélie est avec ses parents et Robin, son petit frère, devant le lycée. Elle est morte de peur : aujourd'hui, ce sont les résultats du bac. La liste des lycéens qui ont réussi vient d'être affichée.
« Vas-y, s'il te plaît, va voir, dit Aurélie à son père, moi, je n'ose pas. »

Son père va vers la liste, regarde...
et aperçoit le nom de sa fille
dans la colonne de ceux qui ont le bac
du premier coup. Il se retourne à toute
vitesse vers Aurélie et, de loin,
lève le pouce très haut. Aurélie le voit
et explose en larmes, sa mère, elle,
éclate de rire.
« Maman, Aurélie pleure, elle a raté ?
Et toi ? Pourquoi tu ris ? T'es
méchante ! » crie Robin qui ne
comprend rien à ce qui se passe.

Robin ne comprend pas que les larmes de sa sœur et le rire de sa mère veulent dire la même chose : elles ressentent toutes les deux un immense bonheur.

Les larmes d'Aurélie disent sa joie, une joie tellement grande qu'elle déborde, comme s'il y avait à l'intérieur d'elle quelque chose de trop grand, de trop fort, d'impossible à garder. Alors, son corps libère toute cette joie, toutes ces émotions.

Ses larmes libèrent aussi les inquiétudes passées, toutes les tensions qu'Aurélie a accumulées en elle à cause de l'examen, de la peur de le rater, de la peur d'être déçue et malheureuse. Le rire de sa mère sert à la même chose, il fait sortir le stress qu'elle a accumulé avant l'examen de sa fille.

Vivre sans Ploum

- Lisa ne peut plus s'arrêter de pleurer :
- son chien, son chien adoré que
- ses parents lui avaient offert pour
- ses 3 ans, est mort. Il avait 10 ans,
- elle a grandi avec lui, elle se souvient
- de son arrivée à la maison, quand
- il était minuscule et glissait sur

le parquet du salon avec ses petites pattes. Elle se souvient le matin, quand sa mère ouvrait la porte de sa chambre et qu'il sautait sur son lit et la réveillait en jappant. Lisa pleure depuis 1 semaine, personne ne peut la consoler, partout où elle va, elle a des souvenirs d'elle avec Ploum. Ploum, c'était le nom de son chien.

Dans 1 semaine, dans 1 mois, peut-être plus, peut-être moins, Lisa s'arrêtera de pleurer. Pas parce qu'elle aura oublié Ploum : elle ne l'oubliera jamais. Mais on s'arrête toujours de pleurer, même si, en plein milieu des larmes, on pense qu'on pleurera toute sa vie. Les larmes, justement, nous aident à nous arrêter de pleurer : elles nous aident à dire notre souffrance, à ne pas nous crisper sur la douleur, mais au contraire à nous relâcher pour la laisser sortir. Les larmes emportent avec elles les forces négatives qui pourraient s'accumuler dans notre corps, ces forces qui nous empêcheraient de vivre en durcissant notre cœur. Les larmes aident les blessures à cicatriser, elles les adoucissent, les soignent ; les larmes sont chaudes, douces, elles consolent le cœur, l'esprit, le corps, et refont, petit à petit, une place pour les souvenirs heureux et les nouveaux projets.

Lisa va apprendre à vivre sans Ploum, et ses larmes l'aident à tourner la page.

Le courage de pleurer

Matthieu vient de se faire plaquer par sa petite amie. Il a envie de pleurer, mais ses copains sont là, il se retient, c'est dur !

Katia a perdu les élections, c'était son grand projet, être maire du village. Elle a envie de pleurer, mais devant les électeurs, elle fait tout pour ravaler ses larmes.

- Irène a le genou qui saigne, elle a mal, mais pas question de pleurer, après, on la traitera de fifille à sa maman.

- Gilles vient de se prendre un coup de poing dans une bagarre. Les larmes lui montent aux yeux, il a mal, il est vexé, mais plutôt crever que de pleurer.

- Le bus s'en va, les enfants partent en classe verte et font des signes d'au revoir à leurs parents. Denis serre les dents pour ne pas pleurer.

Matthieu, Katia, Irène, Gilles et Denis n'ont pas craqué, ils se sont contrôlés. Peut-être que certains les féliciteront et leur diront qu'ils ont été forts et courageux.

Mais quelle drôle d'idée de penser qu'il faudrait avoir honte de pleurer ! Quand on est atteint, le cacher ne rend pas plus fort. Est-ce qu'on a honte de saigner quand on est blessé ? Pleurer, oui, c'est craquer, c'est le signe qu'on n'en peut plus, qu'on n'a pas la force de supporter quelque chose. On peut toujours dire que c'est une faiblesse. Mais croire que l'on n'a pas de faiblesses, voilà la faiblesse vraiment grave.

Pleurer, c'est s'avouer à soi-même et avouer aux autres que l'on n'est pas invincible, c'est laisser sortir de soi des sentiments, des vrais.

Pleurer, c'est partager nos malheurs avec d'autres. On peut essayer de se retenir pour ne pas faire de peine aux autres. Mais s'ils ont de la peine en nous voyant pleurer, c'est qu'ils nous aiment, et s'ils nous aiment, ils peuvent partager nos malheurs, nous aider à les surmonter. Nos larmes ont le courage de leur demander cela.

Super fort

Super humain

Heureusement

Un enfant de 2 ans qui court pieds nus dans un pré éclate de rire, simplement parce qu'il est heureux.
Il n'a pas de mots, alors son corps le dit, en riant.

Un bébé n'a pas de mots pour dire sa faim, sa soif, sa douleur, sa peur de rester seul dans le noir, son besoin d'être pris dans les bras, d'être câliné.
Il n'a pas de mots, alors son corps le dit, en pleurant.

Et puis les mots arrivent. Plus les mots sont là, moins le corps parle. Il se tient bien sage, bien tranquille. Quelquefois bâillonné.

Heureusement que, dans la vie, on ne peut pas s'empêcher de rire, de pleurer, de pleurer de rire, de rire aux larmes !

Brigitte Labbé est écrivain. **Michel Puech** est maître de conférences en philosophie à la Sorbonne. **Jacques Azam** illustre tous les « Goûters Philo » et signe également des BD chez Milan.

DANS LA MÊME COLLECTION

De Brigitte Labbé et Michel Puech

1. La vie et la mort (CD)
2. La guerre et la paix (CD)
3. Les dieux et Dieu
4. Le travail et l'argent
5. Prendre son temps et perdre son temps (CD)
6. Pour de vrai et pour de faux
7. Les garçons et les filles (CD)
8. Le bien et le mal (CD)
9. La justice et l'injustice (CD)
10. Ce qu'on sait et ce qu'on ne sait pas
11. Les chefs et les autres
12. Les petits et les grands
13. Libre et pas libre
14. Le bonheur et le malheur
15. La nature et la pollution
16. La fierté et la honte
17. L'être et l'apparence
18. La violence et la non-violence
19. La beauté et la laideur
20. Le rire et les larmes
21. Le courage et la peur
22. Le succès et l'échec
23. L'amour et l'amitié
24. Le respect et le mépris
25. La parole et le silence

De Brigitte Labbé et P.-F. Dupont-Beurier

26. Le corps et l'esprit

(CD) *Existe aussi en CD*

Quelquefois, on se retrouve entre amis, à deux, à trois ou plus, pour regarder un film, faire un jeu, préparer un exposé ou simplement écouter de la musique. Ou bien on est là, ensemble, sans rien faire de spécial. Et il arrive que la conversation démarre, sur un sujet qui intéresse tout le monde.

MON CAHIER GOÛTER PHILO

Sans s'en rendre compte, on se lance dans de grandes discussions sur les parents, les professeurs, les amis, sur l'amour, la guerre, la honte, l'injustice… On refait le monde ! Et le soir, quand on se retrouve seul, on y repense.

C'était vraiment bien de pouvoir parler de tout ça, même si parfois, on est furieux parce qu'on n'est pas du tout d'accord avec ce que les autres disent, ou parce qu'il y en a qui veulent tout le temps parler et n'écoutent rien.

UN VRAI GOÛTER PHILO

Mais alors ! Si c'était bien, pourquoi ne pas organiser des débats, des discussions, sur un sujet qu'on choisirait ensemble ? À la maison, chez des amis ou, pourquoi pas, à l'école ?

Alors voici quelques trucs pour réussir un vrai « goûter philo » :

🔴 Il vaut mieux ne pas être plus de 10 personnes.

🔴 Évidemment, il faut un bon goûter, à boire et à manger !

🔴 C'est bien d'être assis par terre... On peut s'installer comme on veut, on parle plus librement ! Et on peut mettre le goûter au milieu du cercle...

🔴 Quelqu'un est chargé de proposer plusieurs sujets. Sauf si tout le monde s'est déjà mis d'accord pour parler de quelque chose de précis.

UN VRAI GOÛTER PHILO

🔴 Chacun réfléchit pour décider quel sujet il préfère, sans rien dire aux autres pour ne pas les influencer.

🔴 Quand tout le monde a choisi, on vote pour le sujet dont on a le plus envie de parler. Attention : un seul vote par personne.

🔴 Le sujet qui a le plus de voix gagne : c'est de cela qu'on va parler aujourd'hui.

Les autres trucs, pour réussir à s'écouter, pour ne pas s'agresser, pour accepter les idées différentes des siennes, pour laisser parler tout le monde, ces autres trucs, vous les trouverez vite vous-mêmes !

C'est parti ! Donnez-vous une heure. Mais après tout, vous pouvez aussi y passer la journée !

UN VRAI GOÛTER PHILO SUR LE RIRE ET LES LARMES

Les jus de fruits et les gâteaux sont là, le sujet aussi : aujourd'hui, vous avez choisi « Le rire et les larmes ». Si la discussion a du mal à démarrer – cela arrive quelquefois, on se regarde tous et personne ne sait quoi dire ! –, voici quelques pistes pour lancer le débat :

● S'est-on déjà forcé à rire, comme Valentine, page 18 ? Pourquoi ?

● Qui aurait eu la même réaction qu'Irène page 29 ? Cette réaction est-elle facile à avoir ?

● Benjamin, pages 34 et 35, est blessé par des rires. Cela nous est-il déjà arrivé d'être humilié par des rires ?

● Que pense-t-on de Mathieu, de Katia, d'Irène, de Gilles et de Denis, pages 39 et 40 ?

UN VRAI GOÛTER PHILO SUR LE RIRE ET LES LARMES

Pour s'aider, on peut naviguer comme cela dans le livre. Quelqu'un lit tout haut un passage, ou une des petites histoires. Cela fait penser à des histoires qui nous sont arrivées ou sont arrivées à d'autres, on les raconte et on essaie, ensemble, de comprendre ce qu'elles veulent dire.

🔴 On peut aussi se poser des questions, et en poser aux autres. Et chercher ensemble des réponses… ou bien se rendre compte que, quelquefois, on ne trouve pas de réponse : derrière une question, il s'en cache une autre, et encore une autre, et encore une autre…

🔴 En voici quelques-unes, en vrac… de quoi s'occuper des heures !
« Pleurer, cela veut-il dire que l'on est faible ? » ; *« Peut-on manipuler quelqu'un avec des larmes ? »* ; *« Le sens de l'humour, c'est quoi ? »* ; *« A-t-on le droit de rire de tout ? »* ; *« Est-ce facile de rire de soi ? »* ; *« On dit quelquefois que les garçons pleurent moins que les filles. C'est vrai ? »*

À vous de jouer ! À vous de goûter !
À vous de philosopher !

MES IDÉES...